Bert Grashoff

Mentale Repräsentation. Vorzüge und Nachteile von Jerry Fodors Theorie einer 'Sprache des Geistes'

GRIN Verlag

Bibliografische Information der Deutschen Nationalbibliothek:

Die Deutsche Bibliothek verzeichnet diese Publikation in der Deutschen National-
bibliografie; detaillierte bibliografische Daten sind im Internet über http://dnb.d-
nb.de/ abrufbar.

Impressum:

Copyright © 2004 GRIN Verlag GmbH
Druck und Bindung: Books on Demand GmbH, Norderstedt Germany
ISBN: 978-3-656-52388-8

Dieses Buch bei GRIN:

http://www.grin.com/de/e-book/68663/mentale-repraesentation-vorzuege-und-
nachteile-von-jerry-fodors-theorie

GRIN - Your knowledge has value

Der GRIN Verlag publiziert seit 1998 wissenschaftliche Arbeiten von Studenten, Hochschullehrern und anderen Akademikern als eBook und gedrucktes Buch. Die Verlagswebsite www.grin.com ist die ideale Plattform zur Veröffentlichung von Hausarbeiten, Abschlussarbeiten, wissenschaftlichen Aufsätzen, Dissertationen und Fachbüchern.

Besuchen Sie uns im Internet:

http://www.grin.com/

http://www.facebook.com/grincom

http://www.twitter.com/grin_com

Universität Bremen

Fachbereich 9

Studiengang Philosophie

Sommersemester 2004

Titel des Seminars: Grundprobleme der Philosophie des Geistes

Schriftliches Referat zum Thema:

Mentale Repräsentation –

Vorzüge und Nachteile von Jerry Fodors

Theorie einer „Sprache des Geistes"

Name der/s Studierenden: Bert Grashoff

Zahl der Fachsemester: 9

Studienfächer: Phi (HF), Ger (NF), Soz (NF)

Stoffgebiet: Theoretische Philosophie

Studienbegleitender Leistungsnachweis

Inhaltsverzeichnis

1 Problemaufriss

Kennzeichnend für eine Klasse von mentalen Phänomenen ist unter anderem ihre *Intentionalität*, ihre Gerichtetheit auf Anderes. Diese Gerichtetheit lässt sich mit Formulierungen wie „ich glaube / hoffe / befürchte / wünsche, dass y" beschreiben. Während der Gehalt der Gerichtetheit, also das jeweilige „y", als *Proposition* bezeichnet wird, heißt die jeweilige Art der Gerichtetheit, also das Glauben, Hoffen, Befürchten, Wünschen, etc., *propositionale Einstellung*. In einem großen Teil der Literatur hat sich der Begriff der *mentalen Repräsentation* für diese Klasse von Phänomenen eingebürgert, da sich diese mentalen Phänomene vermöge ihrer Gerichtetheit auf etwas anderes beziehen, also auch als Repräsentation von anderem aufgefaßt werden können. Allerdings stellen nicht alle *mentalen Repräsentationen* etwas Existierendes vor, Feen oder Einhörner können ebenfalls den Inhalt einer *mentalen Repräsentation* bilden.

Physikalistische Theorien mentaler Zustände gehen prinzipiell davon aus, dass alle mentalen Phänomene durch physische Vorgänge gezeitigt werden, also insbesondere auch *mentale Repräsentationen*. Von diesen Theorien wird daher eine Begründung dafür verlangt, dass physische Prozesse **überhaupt** die Eigenschaft einer Gerichtetheit aufweisen können, bzw. dass sie **überhaupt** dazu in der Lage sind, etwas anderes zu repräsentieren, da diese Theorien ansonsten stark an Glaubwürdigkeit einbüßen würden.

Jerry Fodor hat 1975 ein erstes Modell dafür entwickelt, wie der Zusammenhang zwischen physischen Prozessen einerseits und *mentalen Repräsentationen* andererseits aussehen könnte, die sogenannte Language-of-Thought-Theorie. Mit anderen Worten hat Fodor versucht, Intentionalität als Eigenschaft physischer Phänomene plausibel darzustellen. Im Folgenden soll es nach einer kurzen Vorstellung dieser Theorie darum gehen, ihre Vor- und Nachteile gegeneinander abzuwägen.

2   Language of Thought

Fodor verfolgt in seinem Erklärungsmodell einen sogenannten repräsentationalistischen Ansatz, d. h. er geht grundsätzlich davon aus, dass intentionale Zustände einer Person so aufzufassen sind, dass diese Person vermöge dieser Zustände in einer Beziehung zu einer *mentalen Repräsentation* steht. Das Problem der *Intentionalität* mentaler Phänomene ist für ihn also dem Problem der *mentalen Repräsentation* synonym.

Fodor begreift *mentale Repräsentationen* als Bestandteile einer „Sprache des Geistes". Sie sind ihm zufolge als Symbole aufzufassen, die der spezifischen Semantik dieser Sprache, also einem festen Regelwerk unterworfen sind. Gleichzeitig sind diese Symbole Gegenstand von internen Verarbeitungs- oder Rechenprozessen, die analog zu denen in konventionellen Computern vorgestellt werden. Fodor konstruiert so eine Verknüpfung zwischen der Bedeutungsebene und der Ebene physischer Vorgänge: ihm zufolge sind *mentale Repräsentationen* auf der Bedeutungsebene Symbole dessen, was sie repräsentieren, und diesen Symbolen entsprechen auf der phsysichen Ebene Prozesse, durch die sie generiert werden und die die Semantik ihrer Sprache bestimmen. Entscheidend ist hierbei für Fodor die Eindeutigkeit der Beziehung zwischen symbolischem Gehalt und zu Grunde liegendem physischem Prozess: unterscheidet sich der Gehalt einer *mentalen Repräsentation* von dem einer anderen Repräsentation, so müssen sich auch die damit korrespondierenden physischen Vorgänge unterscheiden.

Die *propositionale Einstellung* wird in Fodors Modell als spezifische Relation der jeweiligen Person zu ihrer *mentalen Repräsentation* vorgestellt. Auf der physischen Ebene wird diese Relation als durch unterschiedliche Speicher realisiert gedacht, in denen die Propositionen abgelegt sind: so gibt es Fodor zufolge z. B. einen „Glaubensspeicher", einen „Hoffnungsspeicher", einen „Befürchtungsspeicher" und einen „Wünschespeicher" im menschlichen Körper.

3   Vor- und Nachteile von Fodors Sprache des Geistes

Der entscheidende **Vorteil** dieser Theorie ist die Verständlichmachung der Beziehung zwischen der Bedeutungsebene und der Ebene physischer Prozesse. Insbesondere die Analogie zur Funktionsweise herkömmlicher Computer ist hierbei aufschlussreich und überzeugend: Computer sind Symbol-verarbeitende Maschinen, d. h. physische Prozesse, die aufgrund von physisch vorgegebenen (Sprach-)Regeln Repräsentationen verarbeiten können. Wenn dies aber für Computer gilt, warum sollte es nicht auch für das menschliche Gehirn gelten können?

Da der Zusammenhang von Bedeutungsebene und physischer Ebene (weitestgehend) identitär vorgestellt wird, handelt es sich bei Fordors Theorie um eine Identitätstheorie. Dies bringt den weiteren **Vorteil** mit sich, dass diese Theorie problemlos begründen kann, warum wir den Eindruck haben, unser Geist sei kohärent. Wir haben die Intuition, dass viele unserer Gedanken und Handlungen aus anderen Gedanken resultieren. Da Physikalisten davon ausgehen, dass mentale Phänomene grundsätzlich durch physische gezeitigt werden, können sie diese Intuition nur dann begründen, wenn sie eine Identität von physischen und mentalen Prozessen annehmen. Genau dies tut Fodor: ein Computer reagiert auf Symbole mit anderen Symbolen entsprechend seiner physisch festgelegten Semantik, weil die Symbole mit den zu Grunde liegenden physischen Prozessen identisch sind bzw. nur den Ausdruck dieser physischen Prozesse darstellen.

Ein **Nachteil** dieser Theorie ist die Fixierung auf die Analogie mit herrkömmlichen Computern. Der von Fodor beschriebene Zusammenhang zwischen Bedeutungsebene und physischer Ebene kann auch für neuronale Netze konstatiert werden, ist also nicht auf die herkömmliche, logische Computer-Architektur reduziert.

Ein weiterer **Nachteil** ist die Fixierung auf eine „Sprache" des Geistes. Mittlerweile gibt es eine Reihe von empirischen Daten und theoretischen Argumenten dafür, dass es zwei Klassen von *mentalen Repräsentationen* gibt, die nicht auf einander zurück geführt werden können: einerseits sprachähnliche, andererseits bildähnliche Repräsentationen. Fodors Theorie geht aber davon aus, dass alle Repräsentationen sprachähnlich seien.

Der entscheidende **Nachteil** von Fodors Theorie besteht darin, dass er sich vollständig auf die Kraft einer Analogie stützt. Zwar sind Computer Symbol-verarbeitende Maschinen, allerdings sind menschliche Gehirne nur deswegen, weil sie Symbole verarbeiten, noch keine Computer. Mit anderen Worten: die Tragkraft der Analogie ist zweifelhaft. Dies liegt vor allem auch daran, dass die Semantik eines Computers, also der Zusammenhang zwischen Symbolen einerseits und physischen Prozessen andererseits, von einem menschlichen Konstrukteur bestimmt wird. Ein Computer schafft selbständig keine neuen Symbole oder neue Regeln, nach denen die Symbole verarbeitet werden. Dies scheint bei mentalen Phänomenen aber durchaus gegeben zu sein: neue *mentale Repräsentationen* können generiert werden und ebenso neue Verknüpfungen zwischen ihnen. Damit scheitert aber die Analogie zwischen Computern und menschlichem Geist an einem entscheidenden Punkt.

Fodor kann angesichts dessen nämlich keine Begründung dafür angeben, warum physische Phänomene überhaupt ***von sich aus*** auf etwas anderes gerichtet zu sein scheinen. Computer werden entsprechend konstruiert und programmiert, der menschliche Geist hat diese Eigenschaft nach physikalistischer Auffassung aber unabhängig von einem äußeren Konstrukteur. Es bleibt daher der entscheidende **Nachteil** von Fodors Theorie, nicht erklären zu können, wie und wodurch *mentale Repräsentationen* gebildet werden.

Insbesondere bleibt so auch das ganze Problemfeld des Zusammenhangs von propositionalem Gehalt und repräsentiertem Sachverhalt außerhalb des

Blickwinkels der Fodorschen Theorie, weil sie die Frage der Genese bestimmer *mentaler Repräsentationen* gar nicht als Problem behandelt. Es geht ihr nur um das prinzipielle OB, nicht um das WIE.

Dies ist ein **Nachteil**, den Fodor mit seiner späteren und die hier beschriebene Theorie ergänzenden asymmetrischen Kausaltheorie der Bedeutung zu beheben suchte. Durch sie sollte insbesondere begründet werden, warum eine spezifische *mentale Repräsentationen* nicht nur dann präsent sein kann, wenn der repräsentierte Sachverhalt Bestandteil der aktuellen Sinneswahrnehmung ist, sondern auch bei ganz anderen Sinneswahrnehmungen. Die mannigfaltigen Probleme, mit denen diese asymmetrische Kausaltheorie behaftet ist, erwachsen seiner Theorie einer Sprache des Geistes nur deshalb nicht, weil diese gar nicht erst zu erklären versucht, auf welche Art *mentale Repräsentationen* gebildet werden.

4   Resümee

Fodors Theorie einer Sprache des Geistes hat für längere Zeit die Debatten über *Intentionalität* entscheidend mitbestimmt. Er hat mit ihr eine Theorie vorgelegt, die durch Analogie zu technisch realisierten Systemen zumindest plausibel machen konnte, DASS physische Systeme Symbole verarbeiten können, und damit eine Klärung des Problems von Intentionalität aus physikalistischer Sicht wahrscheinlicher gemacht. Dennoch bleibt seine Theorie in den Details sehr unbefriedigend. Sie gibt vor allem keine Begründung dafür, WIE physische Systeme SELBSTÄNDIG eine mit Bedeutung aufgeladene symbolische Ordnung generieren können. Damit umgeht sie allerdings von vornherein entscheidende Problemfelder, die von der Intentionalität geistiger Phänomene aufgeworfen werden.

5   <u>Literatur</u>

Fodor, Jerry A.: The Language of Thought, New York 1975.

Pauen, Michael: Grundprobleme der Philosophie des Geistes, Eine Einführung, Frankfurt 2001.

Schröder, Jürgen: Einführung in die Philosophie des Geistes, , Frankfurt 2004.